Arthur BYL & Ernest GERNY

Dans un fauteuil

COMÉDIE EN UN ACTE

Représentée pour la première fois à Paris, au théâtre du GRAND-GUIGNOL,

le 12 Décembre 1906

Personnages : 4 hommes, 3 femmes

Société Dramatiques

Prix net : UN Franc

GEORGES ONDET, ÉDITEUR

87, Faubourg Saint-Denis, 87

PARIS

1906

DANS UN FAUTEUIL

Arthur BYL & Ernest GERNY

Dans un fauteuil

COMÉDIE EN UN ACTE

Représentée pour la première fois à Paris, au théâtre du GRAND-GUIGNOL,

le 12 Décembre 1906

Personnages : 4 hommes, 3 femmes

(Société Dramatique)

GEORGES ONDET, ÉDITEUR

83, faubourg Saint-Denis, 83

PARIS

—

1906

Personnages

Madame GOYAUD, herboriste.............. 30 ans.
Madame CALÈCHE, femme de ménage....... 40 ans.
Madame PIGE, *la Femme aux Sinapismes*... 25 ans.

Monsieur PESSAIRE, commissaire de police . 50 ans.
Monsieur BOUCLE, secrétaire du commissaire. 35 ans.
UN AGENT DE LA BRIGADE DES JEUX. 40 ans.
MILO, camelot au *Paris-Sport*............. 18 ans.
LE BOUCHER ou VOIX dans la coulisse, *ad libitum*.

Répertoire de la Société des Auteurs et Compositeurs dramatiques
8, rue Hippolyte-Lebas, Paris

DANS UN FAUTEUIL

COMÉDIE EN UN ACTE

La scène représente une toute petite boutique d'herboriste. Le minimum de bocaux, un bout de comptoir, trois chaises dépareillées. Beaucoup de désordre ; on doit deviner que le commerce n'est qu'un prétexte. Portes à droite et au fond.

SCÈNE PREMIÈRE

Madame Goyaud; Madame Calèche ; Madame Pige, (la Femme aux sinapismes)

(Au premier plan, près du comptoir, Madame Calèche se livre à une étude approfondie d' « Auteuil-Longchamp ».)

LA FEMME AUX SINAPISMES

Le paroli c'est épatant, mais ça ne réussit pas souvent.

MADAME GOYAUD, *vient près de Madame Calèche*

Malheureusement.

LA FEMME AUX SINAPISMES

Vous dites, madame Goyaud : deux sur les mollets ?

MADAME GOYAUD

Et deux sur les cuisses.

LA FEMME AUX SINAPISMES

Bien, Madame Goyaud.

MADAME GOYAUD

Mouillez-les avant de les appliquer ; ils prendront plus facilement.

LA FEMME AUX SINAPISMES

Combien de temps faut-il les laisser ? *(Elle lui donne une pièce. Madame Goyaud passe devant elle et va prendre de la monnaie.*

MADAME GOYAUD

Le plus longtemps possible, jusqu'à ce que la douleur devienne intolérable, *(Savante.)* jusqu'à complète rubéfaction. *(Elle revient lui rapporter la monnaie.)*

LA FEMME AUX SINAPISMES, *épatée*

Qué qu'c'est que ça ?

MADAME GOYAUD, *condescendant*

Jusqu'à ce que la peau soit très rouge.

LA FEMME AUX SINAPISMES

Ah ! bien. *(Anxieuse.)* Croyez-vous que ça peut être dangereux ?

MADAME GOYAUD

Dame ! une congestion, vous savez, on ne sait jamais. Si les sinapismes ne prenaient pas, faites appeler un morticole, n'importe lequel... *(Méprisante.)* ils se valent tous.

MADAME PIGE, *en s'en allant*

Merci et au revoir, Madame Goyaud.

MADAME GOYAUD, *la reconduisant*

Au revoir, Madame Pige ! ..

SCÈNE II

Madame Goyaud, Madame Calèche

MADAME GOYAUD, *revient à la table de gauche*

Ah ! quelle barbe ! ..

MADAME CALÈCHE, *se lève*

Qu'est-ce que c'est que cette gigolette-là ?

MADAME GOYAUD, *piquée*

C'est une excellente cliente.

MADAME CALÈCHE, *goguenarde, se rapprochant*

Pour l'herboristerie.

MADAME GOYAUD, *riant*

Mais non ! pour le Mutuel.

MADAME CALÈCHE

C'est vrai : à la minute, elle parlait de paroli... Alors, elle aussi fait aux petits chevaux ?

MADAME GOYAUD

Nécessairement, Madame Calèche, comme tout le monde ; aujourd'hui, elle ne pense guère aux courses : son mari vient d'avoir une congestion. *(Elle s'asseoit à son comptoir.)*

MADAME CALÈCHE

Il ne doit pas y avoir longtemps qu'elle est dans le quartier ?.. Je ne la connais pas... Qu'est-ce qu'elle fait ? *(Elle s'asseoit.)*

MADAME GOYAUD

Ça je l'ignore ; en tout cas son mari, lui, ne fait rien.

MADAME CALÈCHE

C'est d'un sage ; il ne court pas le risque de mal faire.

MADAME GOYAUD

Il se pique le nez avec une régularité chronométrique.

MADAME CALÈCHE

Alors, c'est des gens bien ?

MADAME GOYAUD

Je ne sais pas, ils doivent avoir une combinaison pas bête : Depuis six mois qu'ils habitent la maison, ils se laissent vivre.

MADAME CALÈCHE

Ah ! elle habite la maison ?

MADAME GOYAUD

Oui, au troisième. *(Continuant sa pensée.)* Elle vient chez moi tous les jours jouer assez gros jeu.

MADAME CALÈCHE

Elle gagne ?

MADAME GOYAUD

Presque régulièrement. Elle est d'une extrême prudence. Elle joue uniquement les pronostics du « *Journal* » placés, avec une petite progression en cas de perte.

MADAME CALÈCHE

Ah oui ! je la connais : des « favos » qui rapportent du six cinquante.

MADAME GOYAUD, *elle retourne à son comptoir*

C'est plus sûr et moins trompeur que les outsiders à 300 francs qui gagnent chaque fois qu'il vous tombe un œil.

MADAME CALÈCHE

Elle doit avoir un amoureux ?

MADAME GOYAUD

Peut-être plusieurs : elle est gentille

MADAME CALÈCHE

Vous n'êtes pas difficile.

MADAME GOYAUD

A propos, j'y pense : hier elle m'a demandé si je ne connaissais pas une bonne femme de ménage ; ça ferait peut-être votre affaire.

MADAME CALÈCHE, *amère, se levant*

C'est gentil d'avoir pensé à moi.

MADAME GOYAUD

Par les temps qui courent, une place, aussi petite soit-elle, c'est toujours une place.

MADAME CALÈCHE, *se rapprochant du comptoir*

Je préférerais que vous me trouviez un bon gagnant.

MADAME GOYAUD, *riant*

Ça, c'est plus compliqué.

MADAME CALÈCHE

J'en ai assez de faire des ménages à six sous de l'heure. Et, cependant, si ça continue, il faudra bien que je m'y remette.

MADAME GOYAUD

Il est de fait que, depuis quelque temps, vous n'avez vraiment pas de chance.

MADAME CALÈCHE

Pas de chance, une guigne noire ! Vous devez le savoir, Madame Goyaud, puisque je ne joue que chez vous : Ce mois-ci, j'ai perdu 350 francs ! vous voyez ce qui me reste sur les malheureux 1100 francs que j'ai hérités il y a deux mois.

MADAME GOYAUD

Qu'est-ce que vous voulez ! Vous n'y avez pas la main, ça viendra peut-être.

MADAME CALÈCHE, *s'asseyant près du comptoir*

Enfin, Madame Goyaud, voyons, pourquoi que je ne gagnerais pas comme les autres ?

MADAME GOYAUD, *à part*

Ils sont plutôt rares.

MADAME CALÈCHE

Qu'est-ce qu'ils ont fait pour ça ? Est-ce qu'il ne vaudrait pas mieux que ce soit des malheureux comme nous qu'aient la veine au lieu des rupins qui ne savent que faire de leur argent ?..

MADAME GOYAUD, *soupirant*

Certes ! si le Bon Dieu était juste !..

MADAME CALÈCHE

Ainsi, voyez Hurtaud, le boucher d'à côté, il est cousu d'or...

MADAME GOYAUD

Avec la sale bidoche qu'il nous vend, il peut faire un sac !

MADAME CALÈCHE

Eh bien, ma chère, chaque fois qu'il y a un « rapport » un peu *conséquent* au *Mutuel* il passe au guichet.

MADAME GOYAUD

Hurtaud a de la veine, ça c'est vrai !..

MADAME CALÈCHE

Comme tous les cocus !..

MADAME GOYAUD

Madame Calèche, vous exagérez ; pas tous !..

SCÈNE III

Les Mêmes, Une voix d'homme à la cantonade

LA VOIX, *parlant de la coulisse à gauche*

Dites donc, Madame Goyaud ?

MADAME GOYAUD

Quand on parle du loup...
(Elle va à la porte latérale de gauche et parle à la cantonade.)

MADAME CALÈCHE

On lui voit les cornes.

MADAME GOYAUD

Qu'est-ce qu'il y a pour votre service, monsieur Hurtaud.

LA VOIX

Voilà, Madame Goyaud ! Je voulais aller à Auteuil ce tantôt ; mais je manque de poitrine et de culotte, il faut que j'aille aux Abattoirs. Voulez-vous me mettre un louis gagnant et deux louis placés sur « *Brosse à reluire* » *(Entendant parler de cheval, Madame Calèche se lève et se rapproche.)* dans la troisième, avec la réserve qu'elle sera montée par Harwey.

MADAME GOYAUD, *faisant l'aimable*

Bien, monsieur Hurtaud ; ça sera fait. C'est un tuyau ?

LA VOIX, *s'esclaffant*

Oh la la ! vous en avez de bonnes, Madame Goyaud. Vous savez bien que je ne coupe pas dans ces boniments-là : ça crève toujours.

MADAME GOYAUD

Alors ?

LA VOIX, *se rengorgeant*

Une inspiration, tout simplement ; j'ai pensé à « *Brosse à reluire* » tout à l'heure en cirant mes chaussures.

MADAME CALÈCHE, *outrée*

Quelle poire ! Et ça gagne !..

MADAME GOYAUD, *mielleuse*

Madame Hurtaud va bien ?

LA VOIX

Oui, assez bien, merci ; mais elle est très ennuyée.

MADAME GOYAUD

Ah ! pourquoi ?

LA VOIX

Vous savez, son cousin qui est caserné à Saint-Cloud...

MADAME GOYAUD

Ah ! oui, le fourrier qui est si mignon *(Regard à Madame Calèche.)*

LA VOIX

Oui, il s'est démis un membre. Ugénie a été le voir ; nous l'aimons beaucoup.

MADAME CALÈCHE, *qui se gondole*

Voilà qui donne une chance sérieuse à « *Brosse à reluire* »... J'ai bien envie de mettre quelque chose dessus.

LA VOIX

Au revoir, Madame Goyaud. N'oubliez pas mon pari.

MADAME GOYAUD

Alors, vous croyez que « *Brosse à reluire* » ?..

LA VOIX, *qui s'éloigne*

En broutant, Madame Goyaud !.. Dans un fauteuil !..

SCÈNE IV

Madame Goyaud, Madame Calèche

MADAME CALÈCHE

Et vous dites que cette brute-là gagne aux courses?..

MADAME GOYAUD, *vient à son comptoir*

Mais oui, très souvent.

MADAME CALÈCHE, *scandalisée*

Avec des inspirations venues de ses pieds?.. Et dire que moi qui me creuse le cerveau à étudier mon « Paris-Courses » et mon « Jockey » je me fouille!.. C'est à désespérer de la science! Entre nous, malgré son inspiration et la foulure du cousin de Saint-Cloud, je considère que « *Brosse à reluire* » est dans les choux.

MADAME GOYAUD, *descendant*

Est-ce qu'on sait jamais!..

MADAME CALÈCHE

Voyons, raisonnons, ma chère Madame Goyaud : « *Brosse à reluire* » a couru à Enghien, mercredi dernier; il n'a pas suivi le train avec soixante-six kilos; aujourd'hui il en porte soixante-dix, le champ est plus relevé, la distance est plus longue; il a un paturon qui ne tient plus, il est plus cornard que le boucher; tout le monde sait ça, n'est-ce pas?

MADAME GOYAUD, *sidérée par tant de savoir*

Oui !

MADAME CALÈCHE

Voilà deux mois qu'il ne pleut pas : le terrain est dur comme le cœur d'un huissier. Où lui voyez-vous une chance à « *Brosse à reluire* ». ?

MADAME GOYAUD, *va à son comptoir en passant en avant*

Ça n'est pas à la jument que je vois une chance, c'est au boucher.

MADAME CALÈCHE

C'est de l'enfantillage, de la superstition puérile ! Moi, à votre place, voilà un pari que je garderais pieusement. *(Elle va au-dessus du comptoir.)* C'est de l'argent fichu.

MADAME GOYAUD, *ébranlée*

Evidemment, si j'étais sûre *(Un moment d'hésitation.)* Non, non, pas de bêtise, le boucher est trop veinard ! *(Elle roule le bout de papier où est inscrit l'ordre de pari du boucher, en fait une boulette minuscule et l'insère dans une petite boîte en copeau pareille à celles dans lesquelles les pharmaciens ont accoutumé de servir les onguents.— C'est sa cachette.)*

MADAME CALÈCHE

Vous avez tort.

MADAME GOYAUD

Tant pis.

SCÈNE V

—

Les Mêmes, Milo

MILO, *il entre en coup de vent et reste un peu au fond*

Bonjour, Madame Goyaud, je suis en retard ! *(En apercevant Madame Calèche, il s'arrête interloqué ; puis, pour dire quelque chose, s'approchant du comptoir.)* Donnez-moi deux sous de vaseline rose.

MADAME CALÈCHE, *à part, revenant*

Quelles mœurs ! *(Madame Goyaud remet à Milo la boîte aux paris.)*

MADAME GOYAUD

Voilà, mon garçon ! Tu reviendras à deux heures pour les retardataires.

MILO

Bien Madame Goyaud. *(Il sort en courant.)*

—

SCÈNE VI

—

Madame Goyaud, Madame Calèche

MADAME CALÈCHE

O tempora ! ô Mores ! comme dit si éloquemment le « Petit Larousse ».

MADAME GOYAUD, *riant*

Mais ça n'est pas du tout ce que vous croyez, ma chère Madame Calèche ! C'est un garçon qui fait mes commisssions ; il est gentil, débrouillard.

MADAME CALÈCHE

Il en a l'air.

MADAME GOYAUD

Tout jeune qu'il est, dix-sept ans à peine, il avait une petite amie jolie comme un cœur.

MADAME CALÈCHE, *attendrie, se rapprochant*

Elle est morte ?

MADAME GOYAUD

Non ; la pauvre enfant s'est fait ramasser, il y a juste un mois, dans une rafle, par les « mœurs ».

MADAME CALÈCHE

Encore une arrestation arbitraire.

MADAME GOYAUD, *sentencieuse*

Toutes les arrestations sont arbitraires, madame Calèche !

MADAME CALÈCHE, *un silence*

Ah ! vous l'avez trouvé le fin tuyau, vous, madame Goyaud ! Prendre des paris, c'est moins bête que de parier ; ça doit rapporter gros ?

MADAME GOYAUD

Avec la clientèle fruitière que j'ai...

MADAME CALÈCHE, *épatée*

Fruitière ?

MADAME GOYAUD

Oui, avec les *louise-bonnes* et les *beurrées d'Aremberg*, — les pontes, mes clients, quoi ! — ça serait une bonne affaire si on avait un capital pour travailler seul. Malheureusement, mes moyens ne me le permettent pas !..

MADAME CALÈCHE

Il y a longtemps que vous exercez ?

MADAME GOYAUD

Deux ans à peu près ; l'herboristerie ne marchait pas, on m'a offert de prendre des paris pour une agence sérieuse : Durand, vous connaissez ?

MADAME CALÈCHE

Oui, oui, celui qui fait courir ?

MADAME GOYAUD

Parfaitement ; c'est une maison sûre. J'ai accepté et ne le regrette pas, ça vaut mieux que de vendre des simples.

MADAME CALÈCHE, *ironique*

Les simples... d'esprit rapportent davantage.

MADAME GOYAUD, *riant*

Un peu, mon neveu.

MADAME CALÈCHE

Mais vous courez des risques. J'ai entendu dire qu'en ce moment on vous ennuyait beaucoup, vous autres.

MADAME GOYAUD

Je me demande un peu pourquoi ! *(Elle se lève et descend en avant du comptoir.)*

MADAME CALÈCHE

Et vous n'avez jamais été « donnée » ?

MADAME GOYAUD, *sans comprendre*

Donnée ?

MADAME CALÈCHE

Vendue, dénoncée ?

MADAME GOYAUD

Si, plusieurs fois ; mais les plaintes n'ont jamais eu de suite. *(Elle traverse en avant et passe au comptoir.)*

MADAME CALÈCHE, *plaisantant*

Ah ! Est-ce que vous seriez de la « grande maison » ?..

MADAME GOYAUD *s'arrêtant*

Non, non... mon truc est moins compliqué ; mes meilleurs clients sont M. Pessaire...

MADAME CALÈCHE

Ah ! oui, le quart d'œil du quartier.

MADAME GOYAUD

... Et M. Boucle, son secrétaire.

MADAME CALÈCHE

Tout s'explique.

MADAME GOYAUD

Tous les matins, Félicie, la bonne de M. Pessaire, m'apporte le jeu de ces Messieurs. De plus, le chien du commissaire vient jouer presque chaque jour; il m'apporte les mises des agents du poste.

MADAME CALÈCHE

Comment, les cognes aussi?

MADAME GOYAUD, *passe derrière son comptoir*

Ah! si peu... La purée! Ils risquent une pièce de cent sous à quatre ou cinq.

MADAME CALÈCHE

Est-ce qu'il est veinard le commissaire?

MADAME GOYAUD

Il est célibataire, et son secrétaire aussi.

MADAME CALÈCHE, *ne comprenant pas*

Ah?

MADAME GOYAUD

Oui, ils perdent tout ce qu'ils veulent; il n'y a que le chien du commissaire qui touche souvent.

MADAME CALÈCHE, *se lève et se rapproche du comptoir*

Il est tuyauté?

MADAME GOYAUD

Non; seulement, il est marié; et puis il ne joue jamais les chevaux du commissaire ni ceux du secrétaire... comme ça il a une chance, deux, même.

MADAME CALÈCHE

Il ponte ferme, M. Pessaire ?

MADAME GOYAUD

Des fois. Ainsi, aujourd'hui, il a mis cinq louis sur un cheval qui partira à la cote de trente contre un.

MADAME CALÈCHE

Il a une chance ?

MADAME GOYAUD

La même que vous.

MADAME CALÈCHE

Alors ?

MADAME GOYAUD

Aussi j'ai étouffé le pari.

MADAME CALÈCHE

Etouffé ?

MADAME GOYAUD

Au lieu de le donner à l'agence, je l'ai gardé pour moi... c'est tout profit.

MADAME CALÈCHE

Mais si le cheval gagnait, tout de même ?

MADAME GOYAUD, *terrifiée*

Ne me parlez pas de ça ! si ça arrivait je serais nettoyée. *(Un peu sèche.)* Il va être deux heures, Madame Calèche, et vous n'avez pas encore fait votre jeu !..

MADAME CALÈCHE

Je suis tellement désorientée que je n'ai pas une idée... Aux courses, il faut beaucoup de lucidité.

MADAME GOYAUD

Oh ! c'est comme tous les jeux : on perd un jour, on gagne l'autre.

MADAME CALÈCHE

On ne devrait jouer, alors, que tous les deux jours.

MADAME GOYAUD, *riant*

C'est une idée. Alors, vous ne faites rien ?

MADAME CALÈCHE, *vivement*

Si, si. Mettez-moi dix francs sur Montenlair, à reporter sur Crâneur, le tout dans la dernière sur... sur... je ne sais pas au juste. *(Elle s'asseoit devant le comptoir pour étudier le « Jockey » avec une extrême attention.)*

MADAME GOYAUD

C'est un paroli !

MADAME CALÈCHE

Oui, oui, jamais je n'en fais, jamais ; mais la femme aux sinapismes a évoqué ce mot, il m'a frappée. Je vais essayer... Pour dix francs je n'en mourrai pas.

MADAME GOYAUD

Comme vous voudrez, mais faites vite... *(Elle va à son comptoir.)* Il est tard. *(Mme Calèche a commencé à rédiger son ticket et reste perplexe; tout à coup, elle s'hypnotise sur un cheval).*

MADAME CALÈCHE

Mais *Morticole* court, Madame Goyaud!..

MADAME GOYAUD, *philosophiquement*

Il faut la laisser courir, Madame Calèche, si ça l'amuse, cette bête!

MADAME CALÈCHE, *vexée*

On ne peut jamais parler sérieusement avec vous! La femme aux sinapismes a parlé de « paroli »; vous avez énoncé le nom de *Morticole*. N'y a-t-il pas là une indication du sort?

MADAME GOYAUD, *ironique*

Et vous n'êtes pas superstitieuse!.. *(Mme Calèche a rectifié son ticket.)*

MADAME CALÈCHE, *vient en avant du comptoir*

Mais non, pas du tout! *(se décidant.)* Tenez, le tout sur *Morticole. (Elle remet le ticket et une pièce à Mme Goyaud.)*

SCÈNE VII

Les Mêmes, Milo

MILO, *même jeu que précédemment*

Deux sous de vaseline rose!

MADAME GOYAUD

Ne fais pas de blague, Milo ! Madame est une amie. Il n'y a que ça en retard. *(Elle vient à Milo au milieu, lui remet l'argent et le ticket.)*

MILO

Bien, Madame Goyaud, je me cavale ! On n'est pas en avance aujourd'hui.

MADAME GOYAUD

Va, mon garçon ; aussitôt que tu auras le résultat de la première, grouille-toi. J'ai hâte de savoir.

MILO, *railleur*

Vous en avez étouffé un, Mame Goyaud ?

MADAME GOYAUD, *le chassant*

Veux-tu te sauver, polisson. *(Elle redescend derrière son comptoir. Milo sort en courant.)*

SCÈNE VIII

Madame Goyaud, Madame Calèche

MADAME CALÈCHE, *qui a deviné la raison de l'anxiété de la tenancière, remonte vers elle au milieu*

Dites donc, Madame Goyaud, comment il se nomme le canard qu'a joué le commissaire ?

MADAME GOYAUD, *digne*

Ça, madame Calèche, c'est le secret professionnel.

MADAME CALÈCHE

Ne vous fâchez pas ! C'est dans la première ?

MADAME GOYAUD

Oui !

MADAME CALÈCHE, *insinuante*

C'est ?

MADAME GOYAUD, *vaincue*

Pasiphaé !

MADAME CALÈCHE, *compétente*

Pasiphaé, c'est un veau !..

MADAME GOYAUD, *réconfortée*

Ça serait plutôt sa mère.

MADAME CALÈCHE, *riant*

Ah ! oui, à cause du taureau.

MADAME GOYAUD

On voit que vous connaissez votre mythologie : c'est elle qui a fait le Minotaure.

MADAME CALÈCHE

Je ne sais pas si elle a fait ce que vous dites. Mais je sais que, comme jument, c'est un chameau. Elle m'a fait passer trois fois au travers.

MADAME GOYAUD, *troublée*

Pourvu que le commissaire en fasse autant.

SCÈNE IX

Les Mêmes, Madame Pige, *la femme aux sinapismes*

MADAME PIGE, *tient un filet où il y a de la glace enveloppée dans un linge ; elle s'écroule sur un siège devant le comptoir.*

Mon Dieu, Madame Goyaud, les sinapismes n'ont pas pris ! Mon mari n'a pas repris connaissance !..

MADAME CALÈCHE, *à mi-voix*

De quoi se plaint-elle ?

MADAME PIGE

J'ai fait ce que vous m'aviez dit : J'ai été voir un médecin. Il ne sera là que dans un quart d'heure ; j'ai rapporté de la glace, qu'il m'a dit de lui mettre tout de suite sur la tête. *(S'essuyant le front.)* Quelle chaleur !

MADAME GOYAUD

Il faut vous hâter, Madame Pige, à cause de la glace.

MADAME PIGE, *se lève et remonte à la porte, puis redescend devant le comptoir ; Mme Calèche est remontée un peu et redescend.*

Je cours, Madame Goyaud, je cours... Pourtant, j'aurais bien voulu que vous mettiez cent sous sur *Morticole.*

MADAME GOYAUD

Il est trop tard, Madame Pige... La deuxième doit être courue.

MADAME PIGE

Ça c'est ma veine : Mon poivrot de mari me fait des peurs bleues avec sa congestion... De plus, j'ai un tuyau, et je ne peux pas le jouer.

MADAME CALÈCHE, *triomphante*

Hein ! je vous le disais bien que *Morticole* avait des chances !... Mes inspirations à moi ne viennent pas de mes orteils, comme à votre bouché de boucher... Je raisonne les chances d'un animal avant de le jouer.

MADAME GOYAUD, *à part*

Elle ne manque pas de culot.

MADAME CALÈCHE, *aimable, à Mme Pige*

Alors, vous dites, chère Madame, qu'on vous a recommandé *Morticole* ?

MADAME PIGE, *passe près de Mme Goyaud*

C'est Mme Goyaud qui a dit ce nom-là dans la conversation, tout à l'heure.

MADAME GOYAUD, *expliquant*

Oui, j'ai dit Morticole, pour dire médecin.

MADAME CALÈCHE, *à Mme Pige*

Alors, qui vous a donné le tuyau ?

MADAME PIGE

Voilà : En arrivant chez le docteur, pendant que j'attendais, la bonne en avait plein la bouche de ce cheval-là... *Morticole* par ci, *Morticole* par là. Le docteur Poirot...

MADAME GOYAUD

Ah! c'est chez Poirot que vous êtes allée. En voilà un qui n'a pas volé son nom.

MADAME PIGE

C'est le médecin le plus près. Le docteur Poirot, dis-je, — m'a dit la bonne — soigne l'entraîneur de *Morticole* qui lui a conseillé de se déculotter sur la bête.

MADAME CALÈCHE, *anxieuse*

Et le docteur s'est déculotté ?

MADAME PIGE, *se levant*

Oui, Madame. On a tellement confiance dans la maison que la bonne a mis un mois de ses gages à cheval sur l'animal. *(Elle se lève et fait quelques pas pour sortir. A la place qu'elle occupait on aperçoit une flaque d'eau émanant de la glace qui a fondu.— L'artiste chargée du rôle donnera l'illusion en pressant une éponge mouillée qui représentera la glace.)* *(revenant.)* Alors, vrai, Madame Goyaud, il est trop tard ?

MADAME GOYAUD

Allons, donnez vos cent sous... c'est bien pour vous faire plaisir. (*Mme Pige pose son filet près de la chaise au fond pour donner ses cinq francs puis redescend au comptoir.*) (*A part.*) Encore une thune d'étouffée.

MADAME PIGE

Ah ! merci, Madame Goyaud, je vous revaudrai ça ! Avec ce que *Morticole* rapportera, je pourrai donner quelques douceurs à mon pauvre mari.

(*Elle reprend son filet, qui laisse à sa place une nouvelle flaque d'eau.*)

MADAME GOYAUD, *à part*

S'il n'a que ça de chaud !..

MADAME CALÈCHE, *tenace*

Alors le docteur Poirot soigne un entraîneur ?

MADAME PIGE, *agacée*

Oui, il paraît.

MADAME CALÈCHE

C'est bon à savoir. J'irai le consulter pour ma sciatique, de temps à autre.

MADAME PIGE, *qui a esquissé un mouvement de sortie, mais s'est presque aussitôt rassise sur un autre siège, son filet posé près d'elle.*

Ce qui me donne particulièrement confiance c'est qu'en route j'ai rencontré Mme Choumelle, la boulangère... Elle l'a joué aussi.

MADAME CALÈCHE, *amère*

C'est ennuyeux, si tout le monde a le tube ça ne va rien rapporter. Le docteur Poirot manque vraiment de discrétion.

MADAME PIGE

Mme Choumelle a joué d'intuition parce qu'elle a confiance en la bête.

MADAME GOYAUD.

Je me demande un peu pourquoi ?

MADAME CALÈCHE, *se rengorgeant*

Pourquoi ! Mais parce que *Morticole* est un excellent animal, qui porte merveilleusement le poids; l'autre jour, à Enghien...

MADAME GOYAUD, *timidement*

Il n'a pas suivi le train.

MADAME CALÈCHE, *sèche*

Où avez-vous pris ça ?

MADAME GOYAUD, *même jeu*

C'est vous, tout à l'heure.

MADAME CALÈCHE, *haussant les épaules*

Il a mené de bout en bout !..

MADAME GOYAUD, *railleuse*

Mais il a fini dernier !

MADAME CALÈCHE, *même jeu*

Parbleu ! si vous croyez que son propriétaire est assez bête pour laisser gagner son cheval quand il part second favori ! Il l'a fait « tirer », c'est évident. Aujourd'hui, il a de la cote, il doit gagner !..

MADAME PIGE, *reprenant son filet*

C'est l'avis de la boulangère... Mais je me sauve... le docteur doit être arrivé à la maison !..

MADAME CALÈCHE

Et *Morticole* au poteau.

(Mme Pige sort vivement. Elle a laissé une petite mare d'eau aux différents endroits où elle s'est placée pendant la scène. Mme Calèche descend à gauche.)

SCÈNE X

Madame Goyaud, Madame Calèche

MADAME GOYAUD

Si ce n'est pas honteux ! Sa glace doit être complètement fondue. *(Elle prend un torchon sous le comptoir et éponge les mares.)* Enfin, ça lavera la boutique.

MADAME CALÈCHE

Et son mari qui est sans connaissance.

MADAME GOYAUD

C'est monstrueux !..

MADAME CALÈCHE

Elle doit vouloir s'en débarrasser.

MADAME GOYAUD

Et tout ça pour jouer !..

MADAME CALÈCHE

Il faut vraiment qu'elle soit passionnée.

MADAME GOYAUD

Le jeu peut mener à tout. *(Elle rapporte le torchon dans son comptoir.)*

MADAME CALÈCHE, *a gauche*

A la condition d'en sortir avec du gain.

SCÈNE XI

Les mêmes, *plus le* Commissaire de Police, son Secrétaire et un Agent de la Brigade des jeux.

(M. essaire a arb oré son écharpe tricolore.)

LE COMMISSAIRE

Que personne ne bouge !.. *(Mme Calèche, Mme Goyaud, M. Pessaire descendent vers le milieu ; l'agent et le secrétaire restent au-dessus.)* Au nom de la loi, nous venons perquisitionner chez vous !..

MADAME GOYAUD

Mais, M. le Commissaire...

LE COMMISSAIRE

Vous êtes accusée de prendre des paris clandestins.

MADAME GOYAUD

Je vous jure, M. le commissaire...

LE COMMISSAIRE

Inutile de nier... Vos noms et prénoms.., (*Se retournant vers le secrétaire.*) Ecrivez !..

MADAME GOYAUD

Veuve Goyaud.

LE SECRÉTAIRE

Prénoms ?

MADAME GOYAUD

Ernestine-Adélaïde.

LE SECRÉTAIRE

Votre âge ?

MADAME GOYAUD, *bafouillant*

. . Ente deux ans.

LE SECRÉTAIRE

Profession ?

MADAME GOYAUD, *montrant les bocaux*

Mais, enfin, ça se voit.

LE SECRÉTAIRE

Pas de réflexion !..

MADAME GOYAUD

Herboriste de 1re classe.

L'AGENT

Et tenancière d'un office de « Mutuel »

MADAME GOYAUD

C'est une diffamation.

LE COMMISSAIRE, *au secrétaire et à l'agent*

Maintenant, allez perquisitionner dans les pièces voisines.

MADAME GOYAUD

Vous seriez bien aimable, madame Calèche, de conduire ces messieurs dans la chambre à coucher, dans la salle à manger et dans la cuisine; vous connaissez les aîtres.

MADAME CALÈCHE, *clignant de l'œil en passant à l'avant-scène ; le secrétaire et l'agent la suivent en passant au-dessus.*

Parfaitement. Mme Goyaud !..

(Ils sortent tous les trois.)

SCÈNE XII

Madame Goyaud, le Commissaire.

Aussitôt que le trio a passé la porte, M. Pessaire devient jovial. Il a le sourire

LE COMMISSAIRE

Vous pensez bien, chère madame, que cette perquisition est pour la frime.

MADAME GOYAUD, *souriant, rassurée*

Oh ! avec vous, M. Pessaire, je n'étais pas inquiète.

LE COMMISSAIRE

J'ai été réquisitionné par un agent de la brigade des jeux pour venir chez vous.

MADAME GOYAUD

J'ai été vendue ?

LE COMMISSAIRE

Sans aucun doute, quelque joueur grincheux. L'agent est venu me chercher, il y a plus d'une heure ; je l'ai fait mariner sous différents prétextes.

MADAME GOYAUD

Merci, M. Pessaire.

LE COMMISSAIRE, *en marchant à droite*

Je ne suis pas assez sot pour venir cueillir vos tickets avant la première.

MADAME GOYAUD, *riant*

Bien sûr !

LE COMMISSAIRE

Dites donc, pas de blagues, vous n'avez rien par là ? *(Il désigne la porte du logement.)*

MADAME GOYAUD, *se tordant*

Pensez-vous ? Pas si bête ! chacun a son petit truc, M. Pessaire...

LE COMMISSAIRE, revenant à elle

Le vôtre consiste ?.

MADAME GOYAUD

A vous qui êtes un brave homme, je peux bien vous le dire.

LE COMMISSAIRE

Parbleu...

MADAME GOYAUD, *confiante*

Je fais le coup du parapluie.

LE COMMISSAIRE

Je ne saisis pas bien ?..

Mme Goyaud va prendre un parapluie posé ostentiblement dans un angle au-dessus du comptoir, et l'entrouve ; il en tombe une pluie de petits papiers qu'elle ramasse aussitôt.

MADAME GOYAUD, *riant*

C'est mon coffre-fort !..

LE COMMISSAIRE, *en descendant à gauche*

Je ne connaissais pas celui-là ! Très ingénieux.

MADAME GOYAUD

Et simple. *(Elle ramasse les papiers qu'elle remet dans le parapluie.)*

LE COMMISSAIRE

Très simple, en effet ! Vous devinez si j'étais ennuyé pour vous, chère Madame, quand l'agent est arrivé au commissariat porteur d'un ordre de perquisition. *(Il s'asseoit.)*

MADAME GOYAUD

Je me demande un peu quelle est la crapule qui a bien pu manger le morceau !

LE COMMISSAIRE

Vous êtes trop confiante !..

MADAME GOYAUD

Qu'est-ce que vous voulez, M. Pessaire, c'est ma nature !

LE COMMISSAIRE

J'étais doublement embêté car j'avais prié un de mes amis de me téléphoner, de l'hippodrome, le résultat de la première, aussitôt courue.

MADAME GOYAUD, *vaguement inquiète*

C'est vrai, ça vous intéressait !..

LE COMMISSAIRE, *réjoui*

Dam ! cinq louis, c'est une somme !

MADAME GOYAUD, *peloteuse*

Oh ! M. le commissaire n'est pas à ça près !..

LE COMMISSAIRE

Mais si, Mais si .. on s'imagine que nous gagnons des mille et des cents; on se trompe. Le traitement est très modeste... et si nous n'avions pas les vacations !..

MADAME GOYAUD, *doucereuse*

Mais vous avez les vacations !..

LE COMMISSAIRE

Heureusement !

MADAME GOYAUD, *la voix étranglée*

Et... et qui a gagné la première.

LE COMMISSAIRE, *simplement*

Pasiphaé, parbleu ! Qui voulez-vous que ce soit?

MADAME GOYAUD, *s'effondrant sur une chaise devant le comptoir*

Oh ! mon Dieu !

LE COMMISSAIRE

Qu'est-ce qu'il vous prend ? la chaleur ?...

MADAME GOYAUD, *sanglotant*

Oh ! Oh ! Oh !

LE COMMISSAIRE

Mais enfin ?

MADAME GOYAUD

Quel désastre !

LE COMMISSAIRE

Quelle aubaine, au contraire ! Je ne touche pas souvent, j'en conviens, mais quand je touche !.. *Pasiphaé* fait trente-cinq francs à la pelouse ! C'est à la pelouse que vous faites exécuter les ordres, n'est-ce pas?

MADAME GOYAUD, *implorant, et se levant*

Pardonnez-moi, M. le commissaire, j'ai étouffé votre pari !..

LE COMMISSAIRE, *suffoqué*

Etouffé ?

MADAME GOYAUD

Au lieu de donner les paris à l'agence, je les ai gardés. *(Elle remonte chercher le parapluie et redescend au milieu.)*

LE COMMISSAIRE

Cré nom de Dieu !.. Alors, je suis arrangé ! *(Il descend à droite.)*

MADAME GOYAUD, *tirant le ticket du parapluie*

Tenez, M. le commissaire, voici tous les jeux faits sur *Pasiphaé* et voici vos cent francs. *(Il revient au milieu. Elle lui tend un billet de banque que M. Pessaire prend d'instinct.)*

LE COMMISSAIRE, *hors de lui*

Voilà bien ma veine !.. Pour une fois que je gagne, je suis roulé, moi, moi... un commissaire de police !..

MADAME GOYAUD, *pleurnichant*

Ne vous fâchez pas, M. Pessaire ?

LE COMMISSAIRE, *revient sur elle*

Pas de familiarités, je vous prie ! Il n'y a plus de M. Pessaire ici, il y a un magistrat dans l'exercice de ses fonctions. *(Il traverse à gauche derrière le comptoir et remonte au-dessus.)*

MADAME GOYAUD, *doucement*

Je vous rembourserai petit-à-petit, par pièces de cent sous que je jouerai pour vous.

LE COMMISSAIRE, *furieux descend vers elle*

Vous vous foutez de moi, par-dessus le marché !.. vous voulez me rembourser 600 francs par pièces de cent sous !.. Vous en avez un estomac. *(Il va ouvrir la porte.)* Par ici, messieurs ! *(puis retraverse la scène et revient à gauche ; le secrétaire le suit, l'agent vient au-dessus, derrière lui Mme Calèche remonte au fond.)*

SCÈNE XIII

Les Mêmes, le Secrétaire, l'Agent. Madame Calèche

LE COMMISSAIRE

Messieurs, je viens de découvrir les tickets.

LE SECRÉTAIRE, *surpris*

Comment ?

L'AGENT

Ah ! Ah !

LE COMMISSAIRE

Oui, là ! *(il désigne le coin où est le parapluie.)* Madame a fait le coup du parapluie.

L'AGENT

Le coup du parapluie ?

LE COMMISSAIRE

Je vous expliquerai cela, c'est très drôle, très roublard... Mais à moi on ne me la fait pas. Nous allons dresser un procès-verbal soigné... aux pommes. *(Le secrétaire va s'installer au comptoir ; Mme Goyaud tombe sur la chaise en avant du comptoir.)* C'est vraiment scandaleux et intolérable de laisser subsister ces maisons clandestines de paris où les honnêtes travailleurs viennent apporter le fruit de leurs économies et se faire voler comme dans un bois.

SCÈNE XIV

Les mêmes, *plus* Milo.

Mme Calèche est près de la porte, Milo entre.

LE COMMISSAIRE

Qu'est-ce que vous voulez, vous.

MILO, *intimidé par tout ce monde, dit en bégayant*

Deux sous de vaseline rose *(Il tient un paquet de « Paris-sport « à la main. En apercevant l'écharpe du Commissaire il se sauve au pas de gymnastique; avant de sortir, il dit :)* Zut ! Mme Goyaud qui s'est fait « faire ». *(Avant qu'il ne parte, Mme Calèche a eu le temps de lui enlever un exemplaire de la feuille ; elle la parcourt et sa figure prend un grand air de désolation.)*

SCÈNE XV

Les Mêmes, *moins* Milo

Pendant toute cette scène, Mme Goyaud reste affalée sur sa chaise ; tout le monde cause « courses » sans s'occuper d'elle.

L'agent se penche sur le journal de Mme Calèche et se frotte les mains en signe de joie.

LE COMMISSAIRE, *à son secretaire, en confidence*

Dites donc, Boucle, croyez-vous que je possède la guigne : J'ai mis cinq louis sur *Pasiphaé* et cette vieille taupe (*Il montre Mme Goyaud.*) n'a pas joué le cheval !..

LE SECRÉTAIRE

Moi, j'ai mis cent sous sur un canard qui n'a pas suivi le train ; j'ai perdu, *(A part.)* mais je suis content tout de même, *(Montrant M. Pessaire.)* je suis moins poire que lui.

MADAME CALÈCHE, *lisant*

« *Morticole* a claqué d'un paturon à la dernière haie, alors qu'il avait course gagnée. » Mon paroli !..

L'AGENT, *qui a entendu la conversation du commissaire, se rapproche ; à mi-voix :)*

Vous l'aviez le fin tuyau sur *Pasiphaé*, Moi aussi, je l'avais !

LE COMMISSAIRE

Vous l'avez joué?

L'AGENT

Probable ! avec un report sur *Brosse à reluire* qui gagne également en broutant.

LE COMMISSAIRE

Vous avez joué ici ?

L'AGENT, *riant*

Ah ! non. J'ai joué à côté, chez le coiffeur.

LE COMMISSAIRE *remontant son écharpe*

Messieurs, allons perquisitionner chez le coiffeur !..

L'AGENT

Inutile, M. le commissaire. Vous ne trouverez rien : c'est un homme d'ordre. *(Bas au Commissaire.)* C'est une maison sérieuse, on n'étouffe pas les paris... allez y de ma part.

SCENE XVI

Les mêmes, *plus* Madame Pige, la femme aux sinapismes

MADAME PIGE, *entre et tombe assise au fond*

C'est épouvantable !.. *(Tout le monde se retourne)*

MADAME CALÈCHE, *brandissant le journal*

Nous n'avons pas de veine, ma pauvre Mme Pige. . *Morticole* a claqué. .

MADAME PIGE, *levant les bras au ciel*

Mon mari aussi !..

RIDEAU

Saint-Amand (Cher). — Imp. Em. PIVOTEAU et Fils.

CHEZ LE MÊME ÉDITEUR

Pièces en un Acte de BONIS-CHARANCLE

TITRES	GENRE	DISTRIBUTION
Son Excellence n'est pas de bois!	Comédie	3 h. 2 f.
Le Point d'Honneur	—	7 — 3 —
Rayons Z	—	4 — 2 —
La Colonne	—	3 — 2 —
L'Ane de Buridan	—	1 — 4 —
Souvent Femme !..	—	4 — 3 —
L'Envers d'un ruban	—	4 — 3 —
Monsieur Cendrillon (1 a. 2 tabl.)	—	2 — 3 —
Une Expertise	—	2 — 2 —
Une Revanche	—	2 — 2 —
Deux Philosophes	—	2 — 2 —
L'Honneur d'Eugénie	—	2 2 —
Les Giboulées de l'Amour	—	1 — 2 —
Sa Fiche	—	1 — 1 —
L'Oiseau s'envole !..	—	5 — 1 —
La Crise	—	2 — 2 —
L'Odieuse faute	— dramatique	4 — 2 —
Oh ! Vertu !	— bouffe	4 — 3 —
Les Oubliettes	Satire judiciaire	3 — »
Balançoires	—	6 — 1 —
*X****	—	5 — »
Les Ciseaux	Pièce satirique	2 — 1 —
L'Amour, l'Honneur et l'Agent	Pièce réaliste	4 — 2 —
L'Election Champoiseau	Bouffonnerie satirique	8 — 1 —
L'Amour en bouteille	Opérette	2 — 3
Le Néophyte (*Musique de E. BONNAMY*)	Opéra-bouffe (*Port 2 fr.*)	3 — 1
Les Loups	Drame	3 — 5 —
Le Monstre	—	5 — 4 —
Jacques	— (*Episode guerre 1870*)	4 — 2 —
L'Espion (1 acte et 2 tableaux.)	— (*Episode guerre 1870*)	7 — 4 —
La Maison hantée	—	4 — 3 —
L'Outrage (Interdit par la Censure)	—	4 — 5 —

PIÈCES EN DEUX ACTES

TITRES	GENRE	DISTRIBUTION
L'Enfer	Drame	5 — —
L'honneur des autres	Comédie	5 — 3 —
L'affaire Bréguet	—	5 — 4 —
Maison historique	—	6 — 5 —

POUR PASSER PROCHAINEMENT

TITRES	GENRE	DISTRIBUTION
L'Ancêtre	Comédie en 3 actes.	» — » —
Pour marier Gisèle	— 4 actes.	» — » —
La Traite des Blanches	Drame, en un prologue, 5 actes et 7 tableaux.	» — » —
Le Contrôleur des Omnibus	Vaud.-opér., 1 a. 2 tab.	» — » —

Toutes ces pièces sont vendues **1** fr. net la brochure

(*Répertoire de la Société Dramatique, 8, rue Hippolyte-Lebas.*)

Georges ONDET, éditeur

83, faubourg Saint-Denis, PARIS

www.ingramcontent.com/pod-product-compliance
Ingram Content Group UK Ltd.
Pitfield, Milton Keynes, MK11 3LW, UK
UKHW021124230726
13926UKWH00002B/635

9 782014 104301